Impressum
Verlag: BABADADA GmbH, Nedderfeld 112 , 22529 Hamburg
Geschäftsführer / Verlagsleitung: Harald Hof
Druck: Books on Demand GmbH, In de Tarpen 42, 22848 Norderstedt

Imprint
Publisher: BABADADA GmbH, Nedderfeld 112 , 22529 Hamburg, Germany
Managing Director / Publishing direction: Harald Hof
Print: Books on Demand GmbH, In de Tarpen 42, 22848 Norderstedt, Germany

School
المدرسة

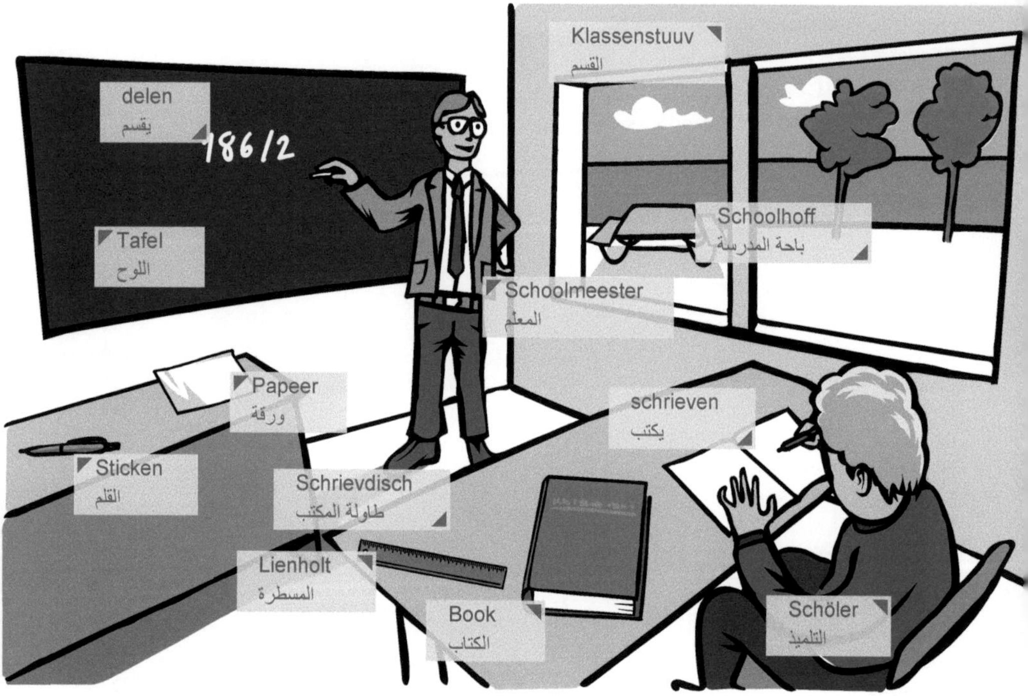

Klassenstuuv
القسم
delen
يقسم
186/2
Tafel
اللوح
Schoolhoff
باحة المدرسة
Schoolmeester
المعلّم
Papeer
ورقة
schrieven
يكتب
Sticken
القلم
Schrievdisch
طاولة المكتب
Lienholt
المسطرة
Book
الكتاب
Schöler
التلميذ

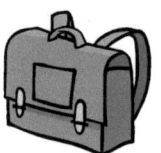

Ranzel
الحقيبة المدرسية

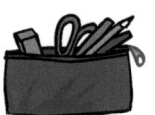

Feddermapp
المقلمة

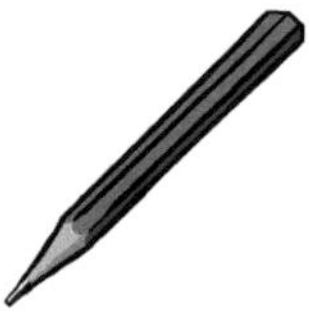

Bleesticken
قلم الرصاص

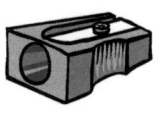

Scharpmaker
البرّاية

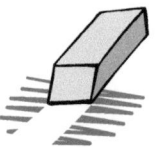

Radeergummi
المِمحاة

Tekenblock
دفتر الرسم

Teken

الرسمة

Pinsel

الفرشاة

Malkassen

علبة التلوين

Scheer

المقص

Klever

المادة اللاصقة

Heft to'n Öven

دفتر التمارين

Huusopgaav

الواجب المدرسي

Tall

الرقم

tohooptellen

يجمع

aftrecken

يطرح

malnehmen

يضرب

reken

يحسب

Bookstaav

الحرف

ABC

الأبجدية

Woort

كلمة

Text

النص

lesen

يقرأ

Kried

الطبشور

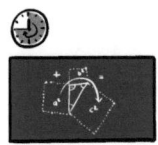

Stunn

الحصة

Klassenbook

دفتر الدوام المدرسي

Pröven

الامتحان

Tüügnis

شهادة

Schooluniform

اللباس المدرسي

Utbillen

التعليم

Nakieksel

الموسوعة

Universität

الجامعة

Mikroskop

المجهر

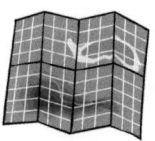

Koort

الخريطة

Papeerkorf

قماما

Hotel
فندق

Grand

Harbarg
بيت الشباب

ROOMS

Wesselstuuv
مكتب صرافة

EXCHANGE

Kuffer
حقيبة

Auto
سيارة

Spraak

اللغة

jo / ne

نعم / لا

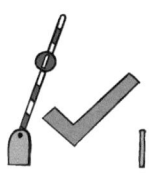

Jo

حسناً

Moin

مرحباً

Översetter

مترجم

Dank ok

شكراً

Wat kost…?

كم ثمن … ؟

Ik verstah nich

لا أفهم

Problem

مشكلة

Goden Avend

مساء الخير

Moin!

صباح الخير!

Gode Nacht!

ليلة سعيدة

Tschüüs

إلى اللقاء

Richt

اتجاه

Bagaasch

أمتعة السفر

Tasch

حقيبة

Rüchsack

حقيبة ظهر

Gast

ضيف

Stuuv

غرفة

Slaapsack

كيس للنوم

Telt

خيمة

Touristeninformatschoon

استعلامات سياحية

Strand

شاطئ

Kreditkoort

بطاقة ائتمان

Fröhstück

إفطار

Meddageten

طعام الغداء

Avendeten

العشاء

Fohrkort

بطاقة سفر

Fohrstohl

مصعد

Breefmark

طابع بريدي

Grenz

حدود

Toll

الجمارك

Bottschop

سفارة

Visum

تأشيرة

Pass

جواز سفر

Transport
نقل

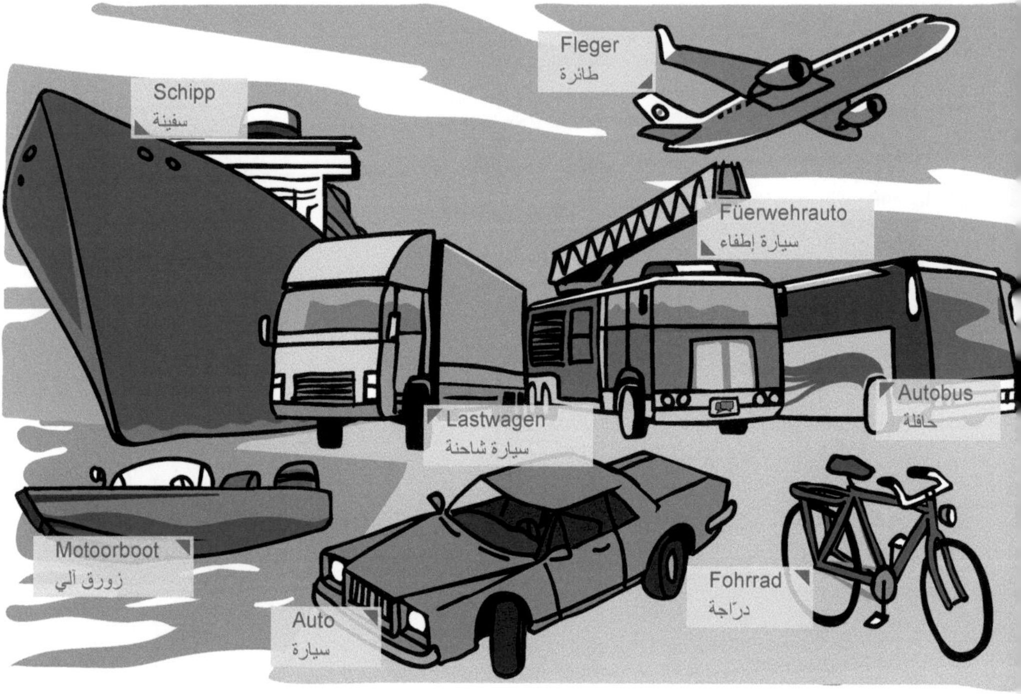
Fleger
طائرة
Schipp
سفينة
Füerwehrauto
سيارة إطفاء
Lastwagen
سيارة شاحنة
Autobus
حافلة
Motoorboot
زورق آلي
Fohrrad
درّاجة
Auto
سيارة

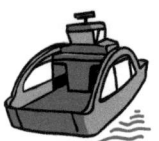

Fähr

عبارة

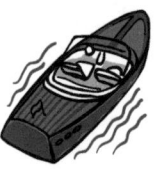

Boot

قارب

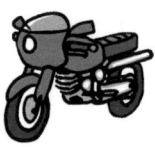

Motoorrad

دراجة نارية

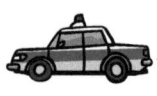

Polizeiauto

سيارة شرطة

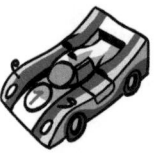

Rönnauto

سيارة سباق

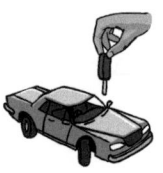

Lehnwagen

سيارة مستأجرة

Carsharing

أسلوب تشاركي في استئجار السيارات

Afsleepwagen

سيارة للجر

Müllauto

سيارة نقل القمامة

Motoor

محرك

Kraftstoff

وقود

Tanksteed

محطة وقود

Verkehrsschild

إشارة مرور

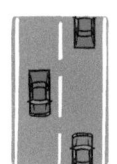

Verkehr

حركة السير

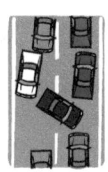

Stau

ازدحام سير

Afstellplatz

موقف سيارات

Bahnhoff

محطة قطار

Sporen

سكك حديدية

Tog

قطار

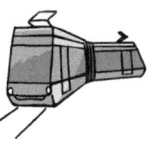

Stratenbahn

ترام

Wagon

عربة قطار

Dwarsmöhl

طائرة مروحية

Flooghaven

مطار

Tower

برج

Fohrgast

مسافر

Grootkist

حاوية

Karton

علبة كرتون

Koor

عربة يد

Korf

سلة

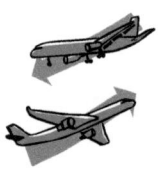

starten / lannen

يقلع / يهبط

Stadt

مدينة

Dörp

قرية

Binnenstadt

مركز المدينة

Huus

بيت

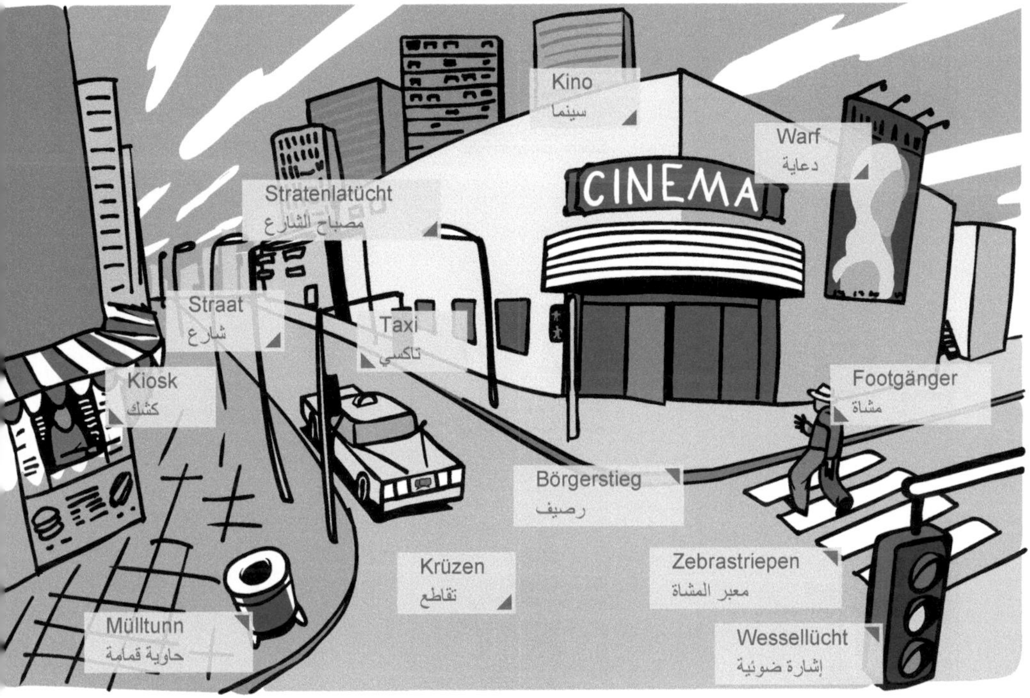
Kino
سينما
Warf
دعاية
CINEMA
Stratenlatücht
مصباح الشارع
Straat
شارع
Taxi
تاكسي
Kiosk
كشك
Footgänger
مشاة
Börgerstieg
رصيف
Krüzen
تقاطع
Zebrastriepen
معبر المشاة
Mülltunn
حاوية قمامة
Wessellücht
إشارة ضوئية

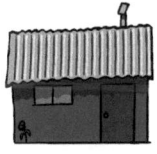

Hütt

كوخ

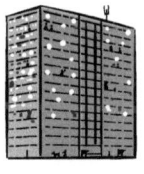

Wahnung

شقة

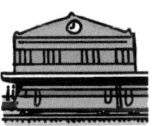

Bahnhoff

محطة قطار

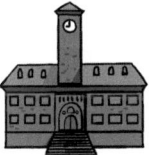

Raathuus

دار البلدية

MUSEUM

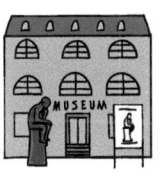

Museum

متحف

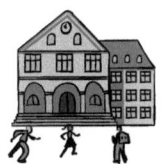

School

المدرسة

Universität

الجامعة

Bank

مصرف

Krankenhuus

المستشفى

Hotel

فندق

Afteek

صيدلية

Büro

مكتب

Bookhökerie

مكتبة

Hökerie

متجر

Blomenhökerie

محل لبيع الزهور

Supermarkt

سوبرماركت

Markt

سوق

Koophuus

متجر كبير

Fischhökerie

تاجر السمك

Inkoopszentrum

مركز تسوّق

Haven

ميناء

Parkanlaag

حديقة عامة

Bank

مقعد

Brüch

جسر

Trepp

درج، سلم

Ünnergrundbahn

مترو

Tunnel

نفق

Busstoppsteed

موقف حافلات

Bar

بار

Spieslokal

مطعم

Breefkassen

صندوق البريد

Stratenschild

لافتة باسم الشارع

Parkklock

مقياس زمن الوقوف

Deertenpark

حديقة حيوانات

Baadanstalt

مسبح

Moschee

مسجد

Buernhoff

مزرعة

Ümweltversmudden

تلوث البيئة

Karkhoff

مقبرة

Kark

كنيسة

Speelplatz

ملعب الأطفال

Tempel

معبد

Landschop

طبيعة ريفية

Blatt
ورقة

Wiespahl
علامة إرشاد

Weg
طريق

Wisch
مرج

Steen
حجر

Boom
شجرة

Wannerer
رحالة

Fluss
نهر

Gras
عشب

Bloom
زهرة

Daal

وادٍ

Barg

جبل

See

بحيرة

Holt

غابة

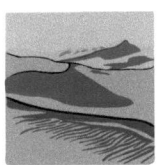

Wööst

صحراء

Füerspien Barg

بركان

Slott

قلعة

Regenbagen

قوس قزح

Poggenstohl

فطر

Palm

نخلة

Steekmück

بعوض

Fleeg

ذبّانة

Miegeemk

نملة

Imm

نحلة

Spinn

عنكبوت

Sebber

خنفساء

Pogg

ضفدعة

Katteker

سنجاب

Swienegel

قنفذ

Haas

أرنب

Uul

بومة

Vagel

عصفور

Swaan

بجعة

Wildswien

خنزير برّي

Hirsch

غزال

Elk

إلكة

Staudamm

سد

Windrad

دولاب الطاحونة الهوائية

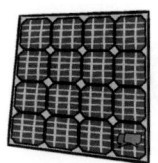

Solarmodul

خلية شمسية

Klima

مناخ

Spieslokal
مطعم

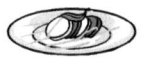

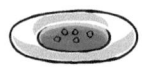

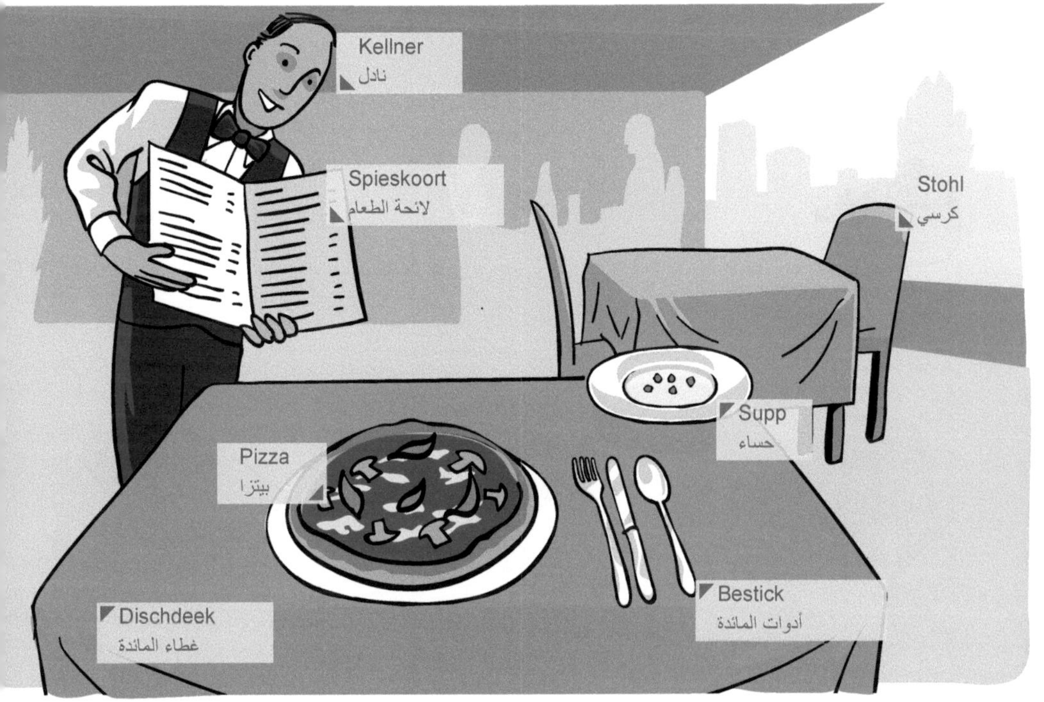
Kellner
نادل
Spieskoort
لائحة الطعام
Stohl
كرسي
Supp
حساء
Pizza
بيتزا
Bestick
أدوات المائدة
Dischdeek
غطاء المائدة

Vörspies

مقبلات

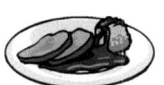

Haupteten

الصحن الرئيسي

Nadisch

حلوى أو فاكهة بعد الطعام

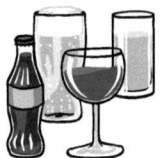

Drünk

مشروبات

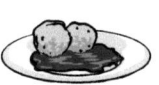

Eten

طعام

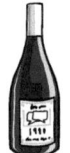

Buddel

زجاجة

Fastfood

وجبات سريعة

Strateneten

طعام الشارع

Teekann

إبريق الشاي

Zuckerdoos

علبة السكر

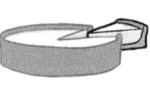

Portschoon

حصّة

Espressomaschien

آلة الإسبريسو

Hoochstohl

كرسي عالٍ

Reken

فاتورة

Tablett

صينية

Mess

سكين

Gavel

شوكة

Lepel

ملعقة

Teelepel

ملعقة الشاي

Munddook

منديل المائدة

Glas

كأس

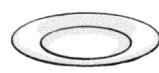

Töller

صحن

Suppentöller

صحن الحساء

Ünnertass

صحن الفنجان

Sooß

صلصة

Soltstreuer

مملحة

Pepermöhl

مطحنة الفلفل

Etig

خلّ

Ööl

زيت الطعام

Krüder

توابل

Ketchup

كتشاب

Mostrich

خردل

Mayonnaise

مايونيز

Supermarkt
سوبرماركت

Anbott
عرض خاص
Kunn
زبون
Melkprodukten
مشتقات الحليب
Aaft
فواكه
Inkoopswagen
عربة تسوق
FOR

BUTCHERS
Slachterie
جزّار

BAKERY
Bäckerie
مخبز

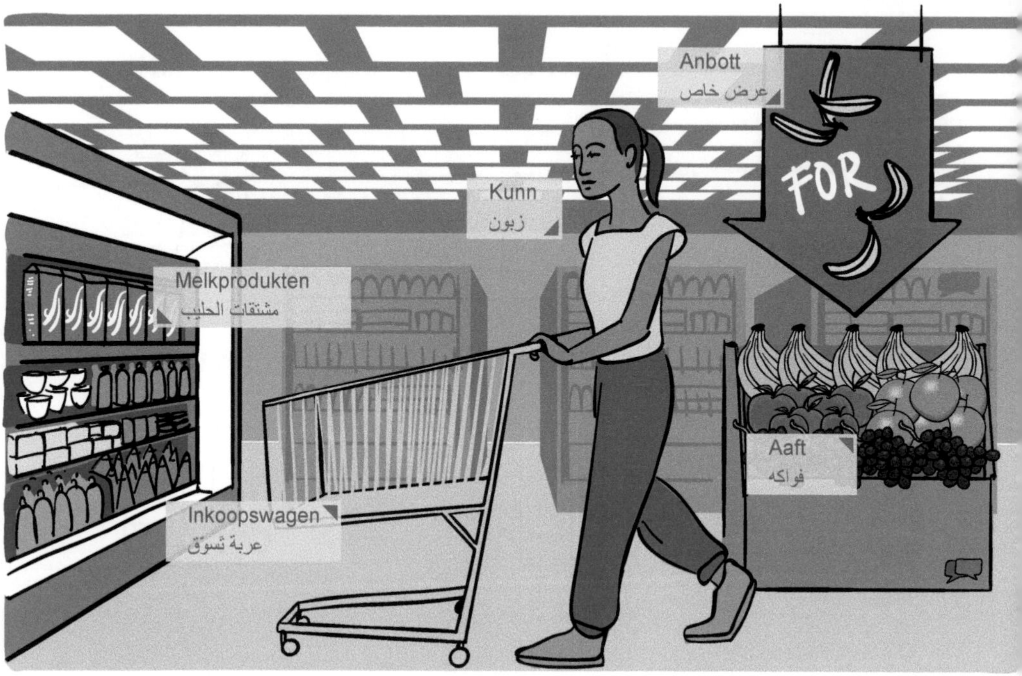

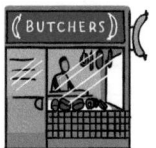

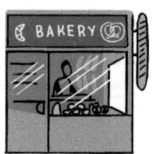

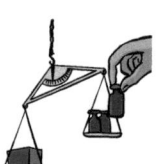

wegen
يزن

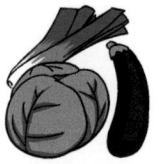

Gröönsaken
خضار

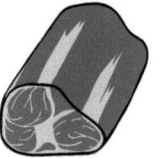

Fleesch
لحم

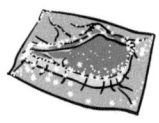

Deepköhlkost
المأكولات المجمّدة

Opsnitt

مرتدلا أو جبن

Konserven

معلبات

Waschmiddel

مسحوق الغسيل

Snoopkraam

حلويات

Huushooltssaken

المواد المنزلية

Reinmaaktüüch

منظّفات

Verköpersche

بائعة

Kass

صندوق الحساب

Kasserer

أمين صندوق

Inkoopslist

قائمة المشتريات

Opsparrtieden

أوقات العمل

Breeftasch

محفظة النقود

Kreditkoort

بطاقة ائتمان

Tasch

حقيبة

Plastiktüüt

كيس بلاستيكي

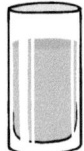

Water

ماء

Saft

عصير

Melk

حليب

Cola

كولا

Wien

نبيذ

Beer

بيرة

Spriet

كحول

Kakao

كاكاو

Tee

شاي

Koffie

قهوة

Espresso

قهوة إسبريسو

Cappucino

كابوتشينو

Banaan

موزة

Appel

تفاح

Appelsien

برتقال

Meloon

بطيخ

Zitroon

ليمون

Wöttel

جزرة

Knuuvlook

ثوم

Bambus

خيزران

Zibbel

بصل

Poggenstohl

فطر

Nööt

لوزيات

Nudeln

شعيرية

Spaghetti

سباغيتي

Ries

أرز

Salat

سلطة

Pommes frites

بطاطا مقلية

Braadkantüffeln

بطاطا مقلية

Pizza

بيتزا

Hamborger

هامبورغر

Sandwich

ساندويش

Snitzel

شريحة لحم مقلية

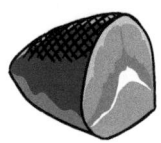

Schinken

لحم خنزير

Salami

سلامي

Wust

سجق

Hohn

دجاج

Braden

لحم محمر

Fisch

سمك

Haverflocken

دقيق الشوفان

Müsli

موسلي

Cornflakes

كورن فلكس

Mehl

طحين

Croissant

كرواسان

Rundstück

خبز صغير

Broot

خبز

Toast

خبز محمص

Keksen

بسكويت

Botter

زبدة

Quark

لين زبادي

Koken

كعكة

Ei

بيضة

Spegelei

بيض مقلي

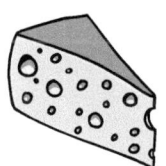

Kees

جبنة

Ies

مثلجات

Zucker

سكر

Honnig

عسل

Marmelaad

مربّى الفاكهة

Nougat-Creme

كريم النوغا

Curry

الكاري

Buernhoff
مزرعة

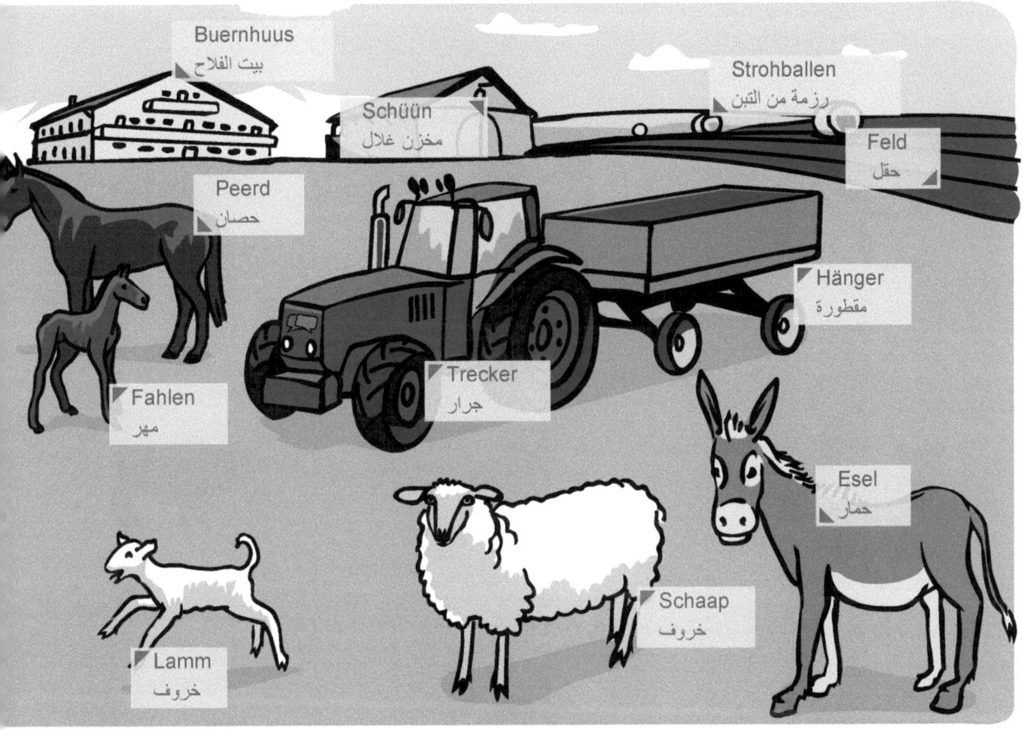
Buernhuus
بيت الفلاح
Schüün
مخزن غلال
Strohballen
رزمة من التبن
Feld
حقل
Peerd
حصان
Hänger
مقطورة
Trecker
جرار
Fahlen
مهر
Esel
حمار
Schaap
خروف
Lamm
خروف

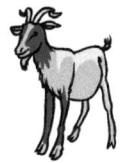

Zeeg
ماعز

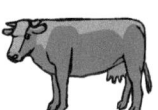

Koh
بقرة

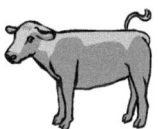

Kalf
عجل

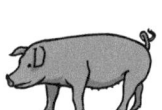

Swien
خنزير

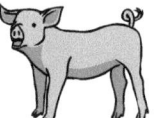

Farken
خنزير صغير

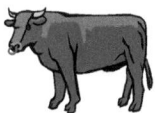

Bull
ثور

Goos

إوزّة

Aant

بطة

Küken

صوص

Hohn

دجاجة

Hahn

ديك

Rott

جرذ

Katt

قطة

Muus

فأر

Oss

ثور

Hund

كلب

Hunnenhütt

كوخ الكلب

Goornslauch

خرطوم الحديقة

Geetkann

إبريق

Lee

منجل

Ploog

المحراث

Sich

منجل

Hack

معزقة

Mestfork

مذراة الزبل

Ext

بلطة

Schuufkoor

عربة يد

Trog

معلف

Melkkann

صفيحة الحليب

Sack

كيس

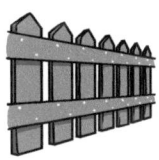

Tuun

سياج

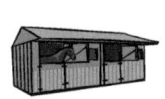

Stall

اصطبل

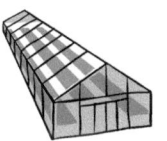

Drievhuus

دفينة

Bodden

تربة

Saat

بذور

Dünger

سماد

Meihdöscher

حصّادة درّاسة

oornen

يحصد

Oorn

محصول

Yamswöttel

بطاطا يامس

Weten

قمح

Soja

صويا

Kantüffel

بطاطا

Törksche Weten

ذرة

Rapp

سلجم

Aaftboom

شجرة فاكهة

Troopsch Kantüffel

نبات منيهوت

Koorn

الحبوب

Huus

بيت

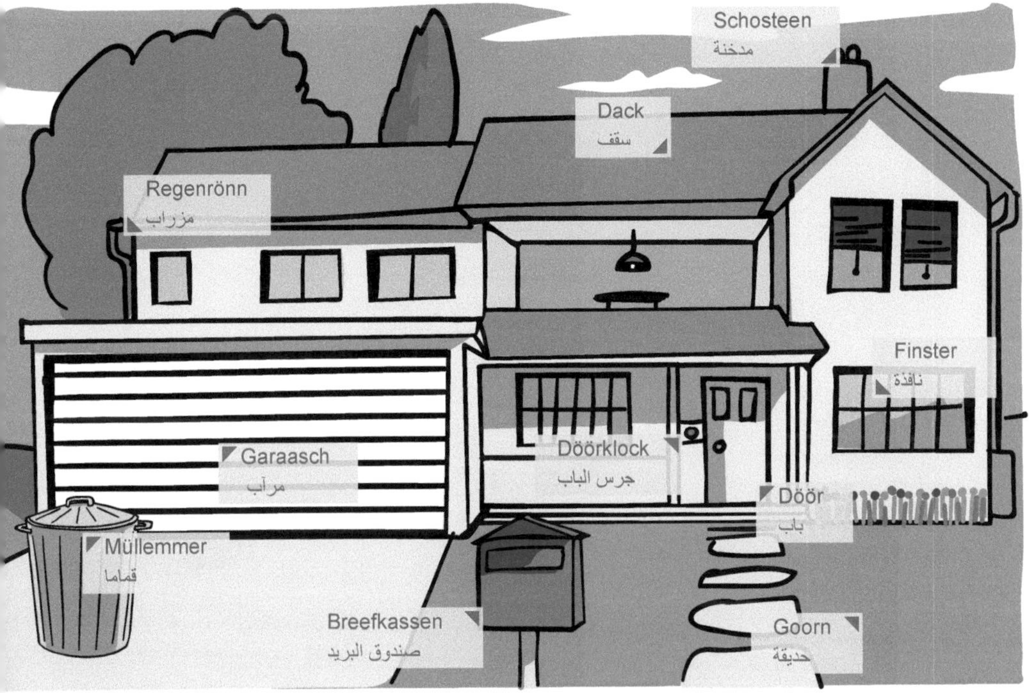
Schosteen
مدخنة
Dack
سقف
Regenrönn
مزراب
Finster
نافذة
Garaasch
مرآب
Döörklock
جرس الباب
Döör
باب
Müllemmer
قماما
Breefkassen
صندوق البريد
Goorn
حديقة

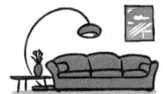

Wahnstuuv

غرفة جلوس

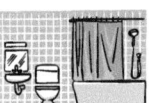

Baadstuuv

الحمّام

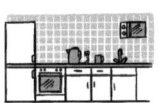

Köök

مطبخ

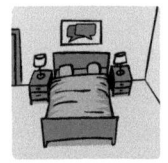

Slaapstuuv

غرفة النوم

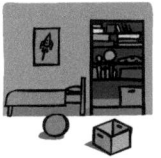

Kinnerstuuv

غرفة الأطفال

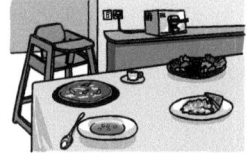

Eetstuuv

غرفة الطعام

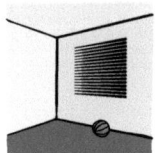

Footbodden

أرضية

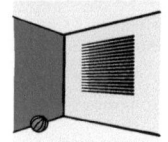

Wand

حائط

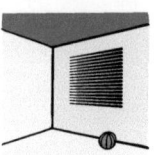

Deek

سقف

Keller

قبو

Hittluftbad

ساونا

Balkon

بلكون

Terrass

شرفة

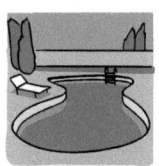

Swümmbad

مسبح

Rasenmeiher

جزّازة العشب

Bettbetog

بياضات السرير

Bettdeek

بطانية

Puuch

سرير

Bessen

مكنسة

Emmer

سطل

Schalter

مفتاح كهربائي

Wahnstuuv
غرفة جلوس

Tapeet
ورق جدران
Bild
صورة
Lamp
مصباح كهربائي
Regal
رف
Schapp
خزانة
Kiekkassen
تلفزيون
Kamin
موقد مفتوح
Bloom
زهرة
Küssen
وسادة
Sofa
كنبة
Vaas
مزهرية
Feernbedenen
تحكم عن بعد

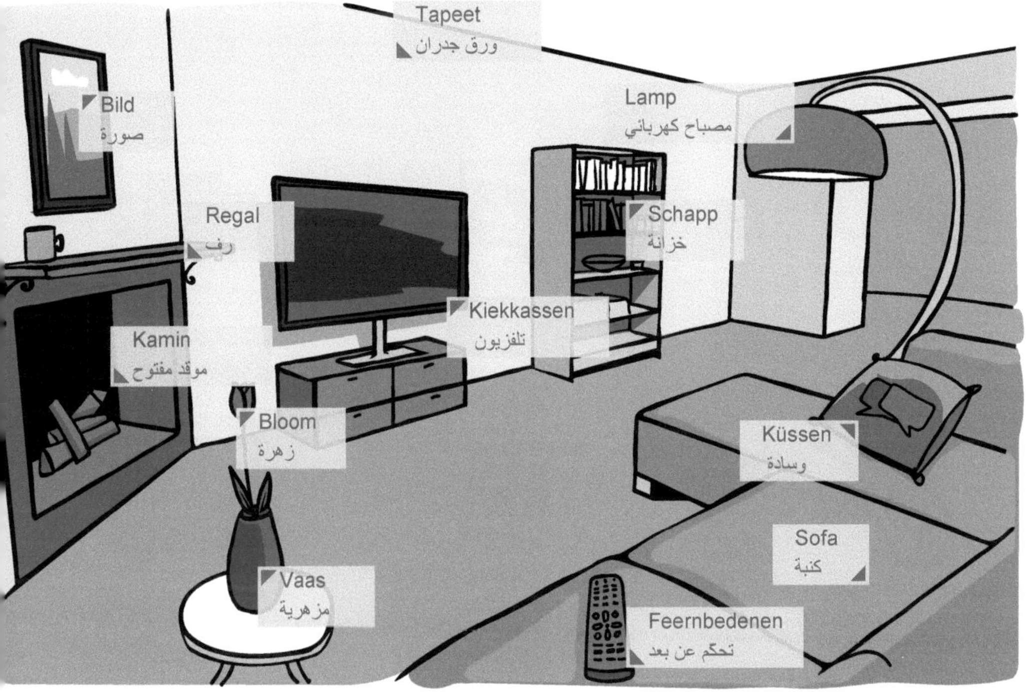

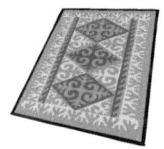

Teppich

بساط

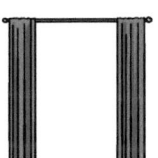

Vörhang

ستارة

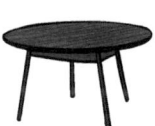

Disch

طاولة

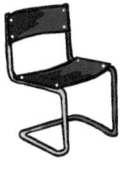

Stohl

كرسي

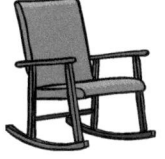

Schuckelstohl

كرسي هزّاز

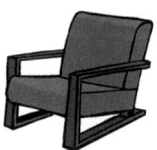

Sessel

كرسي ذو ذراعين

Book

الكتاب

Deek

بطانية

Dekoratschoon

زخرفة

Füerholt

الحطب

Film

فيلم

Stereoanlaag

تجهيزات ستيريو

Slötel

مفتاح

Narichtenblatt

جريدة

Gemälde

لوحة مرسومة

Poster

مُلصق

Radio

راديو

Opschrievblock

دفتر ملاحظات

Huulbessen

المكنسة الكهربائية

Kaktus

صبّار

Kars

شمعة

Köök

مطبخ

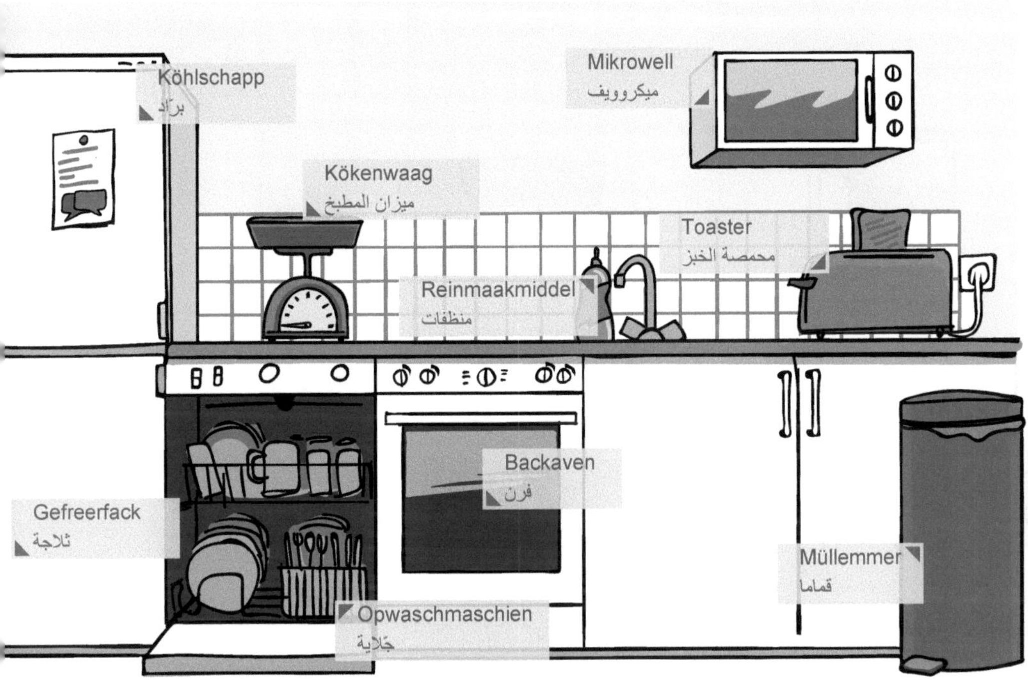

Köhlschapp
برّاد
Mikrowell
ميكروويف
Kökenwaag
ميزان المطبخ
Toaster
محمصة الخبز
Reinmaakmiddel
منظفات
Backaven
فرن
Gefreerfack
ثلاجة
Müllemmer
قماما
Opwaschmaschien
جَلاية

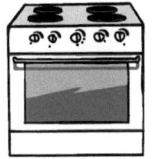

Heerd

موقد

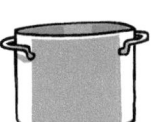

Pott

قِدر

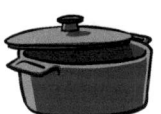

Gussiesern Putt

وعاء من الحديد

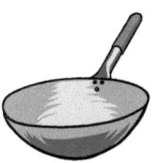

Wok / Kadai

قدر صيني

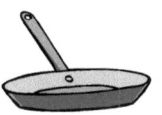

Pann

مقلاة

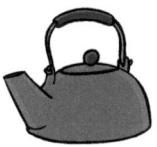

Waterkaker

غلاية

Dampkaakputt

قدر البخار

Backblick

صينية

Geschirr

أواني

Beker

فنجان

Schaal

صحن

Eetsticken

عيدان الأكل

Suppenkell

مغرفة

Pannenwenner

ملعقة منبسطة

Sneebessen

خفاقة

Kaakseef

مصفاة

Seef

مصفاة

Riev

مبشرة

Mörser

هاون

Grill

شواء

Füerstell

موقد

Sniedbrett

لوح التقطيع

Nudelholt

نشّابة

Proppentrecker

مفتاح الزجاجات

Doos

علبة

Dosenaapner

مفتاح العلب المعدنية

Pottlappen

قماش الفرن

Waschbecken

مجلى

Böst

فرشاة

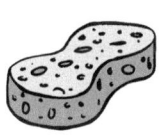

Swamm

إسفنج

Mixer

خلاط

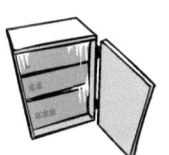

Iesschapp

مجمّدة

Nuckelbuddel

زجاجة الطفل

Waterhahn

صنبور الماء

Baadstuuv

الحمّام

Heizung
تدفئة
Bruus
دوش
Handdook
منشفة
Bruusvörhang
ستارة الدوش
Schuumbad
حمام رغوة
Baadwann
حوض الحمام
Glas
كأس
Waschmaschien
غسّالة
Waterhahn
صنبور الماء
Fliesen
بلاط
lütte Putt
قفازات مطاطية
Waschbecken
مجلى

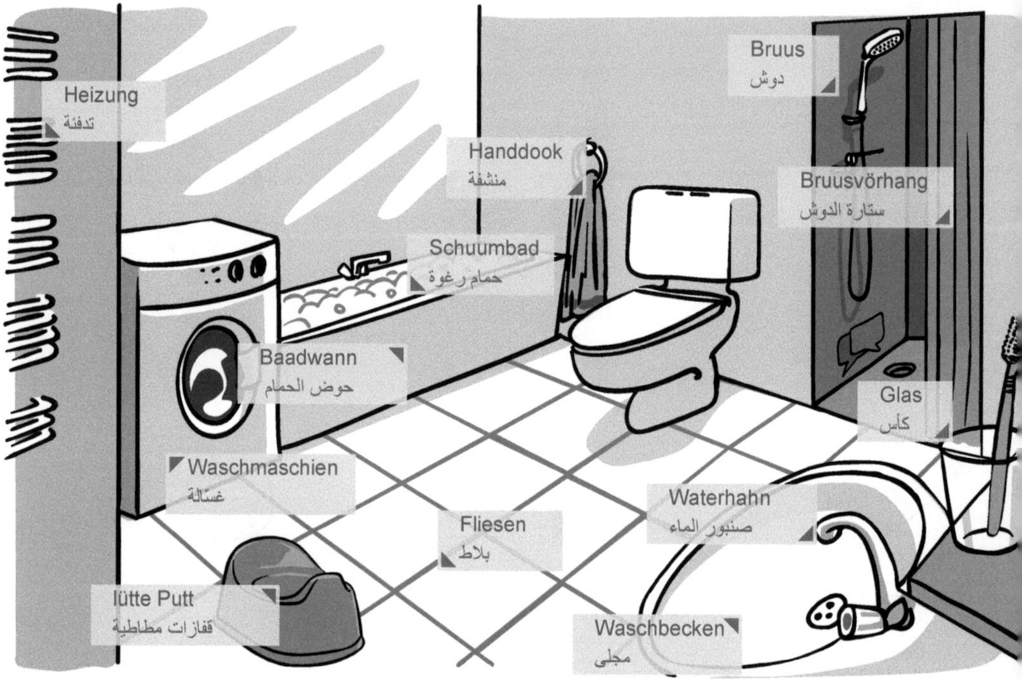

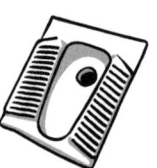

Tante Meier

حمام

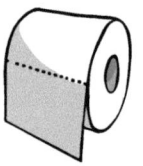

Hockklo

مرحاض القرفصاء

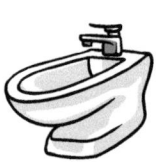

Bidet

حوض التشطيف

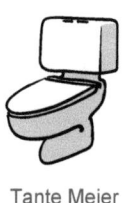

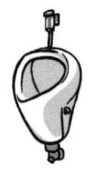

Miegbecken

مبولة

Klopapeer

ورق المرحاض

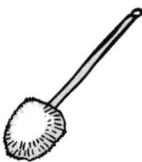

Kloböst

فرشاة الحمام

Tähnböst

فرشاة الأسنان

Tähnpast

معجون الأسنان

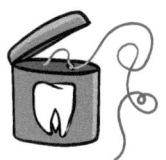

Tähnsied

خيط حرير لتنظيف الأسنان

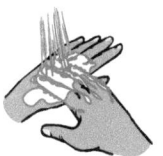

waschen

يغسل

Handbruus

رشاش ماء يدوي

Intimbruus

شطاف

Waschschöttel

حوض الغسيل

Rüchböst

فرشاة الظهر

Seep

صابون

Bruusgeel

جيل الدوش

Hoorwaschmiddel

شامبو

Waschlappen

ممسحة

Afloop

مصرف للماء

Creme

مرهم

Deodorant

مزيل الروائح

Spegel

مرآة

Kosmetikspegel

مرآة يد

Raserer

موس حلاقة

Raseerschuum

رغوة الحلاقة

Raseerwater

كولونيا

Kamm

مشط

Böst

فرشاة

Hoordröger

سشوار

Hoorspray

مثبت للشعر

Smink

ماكياج

Lippensticken

روج

Nagellack

طلاء أظافر

Watt

قطن

Nagelscheer

مقص أظافر

Rüükwater

عطر

Kulturbüdel

سلة الغسيل

Schemel

مقعد صغير

Waag

ميزان

Baadmantel

معطف الحمام

Gummihanschen

قفازات مطاطية

Tampon

سدادة قطنية

Damenbinn

منشفة صحية

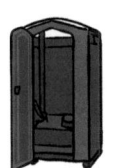

Chemieklo

تواليت كيميائية

Kinnerstuuv

غرفة الأطفال

Wecker
منبه
Knudeldeert
الحيوانات المحنطة
Speeltüüchauto
سيارة لعبة
Kklöter
خشخشة
Poppenhuus
بيت الدمى
Geschenk
هدية

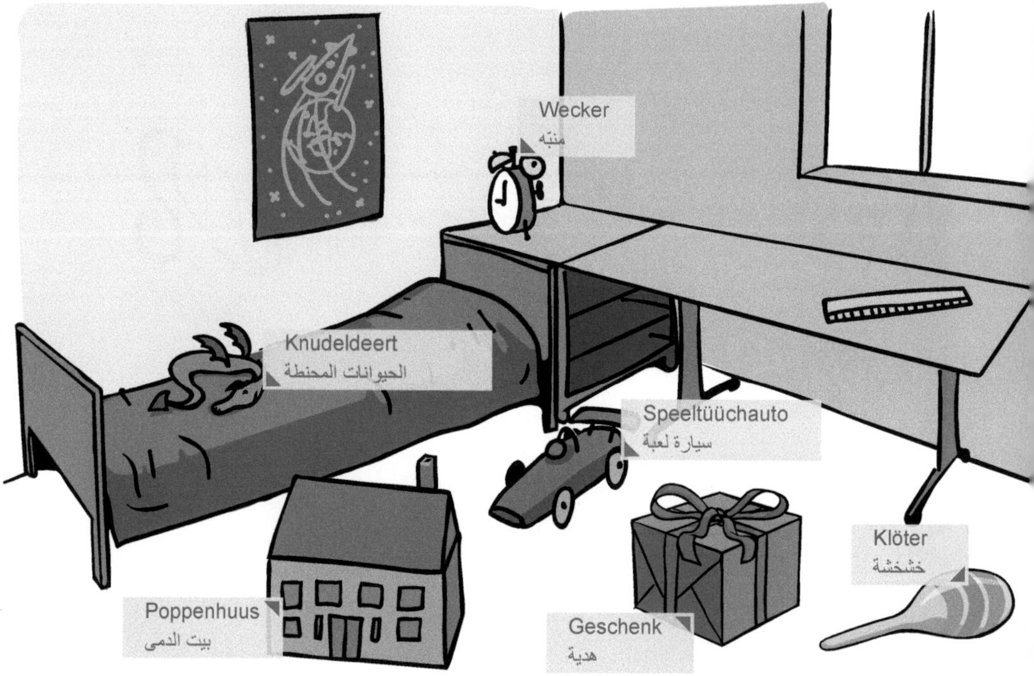

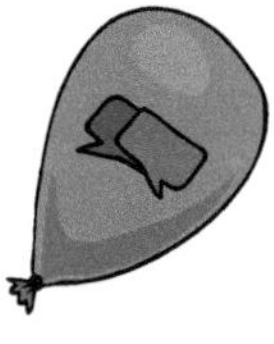

Luftballon

بالون

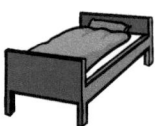

Puuch

سرير

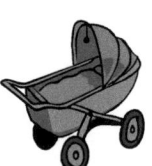

Kinnerwagen

عربة الأطفال

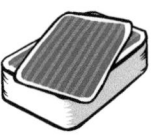

Koortenspeel

لعبة الورق

Puzzle

أحجية

SUPER
MEGA

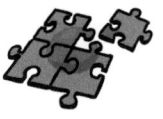

Billergeschicht

رسوم هزلية

Legostenen

أحجار الليغو

Bustenen

حجارة تركيب

Action-Figur

دمية بطل

Strampelantog

لباس الطفل

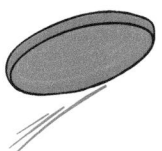

Frisbeeschiev

فريسبي

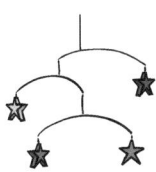

Mobile

دمية معلقة

Brettspeel

لعبة الطاولة

Wörpel

لعبة النرد

Modelliesenbahn

لعبة قطار

Snuller

مصّاصة

Party

حفلة

Billerbook

كتاب مصوّر

Ball

كرة

Popp

دمية

spelen

يلعب

Sandkassen

ملعب رملي للأطفال

Schuckel

أرجوحة

Speeltüüch

لعبة

Speelkonsool

ألعاب فيديو

Dreerad

دراجة ثلاثية

Teddyboor

دمية على شكل الدب

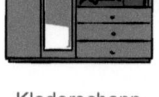

Klederschapp

خزانة الثياب

Tüüch

ثياب

Socken

جوارب قصيرة

Strümp

جوارب طويلة

Strumpbüx

جورب بنطلون

Halsdook
شال

Paraplü
شمسية

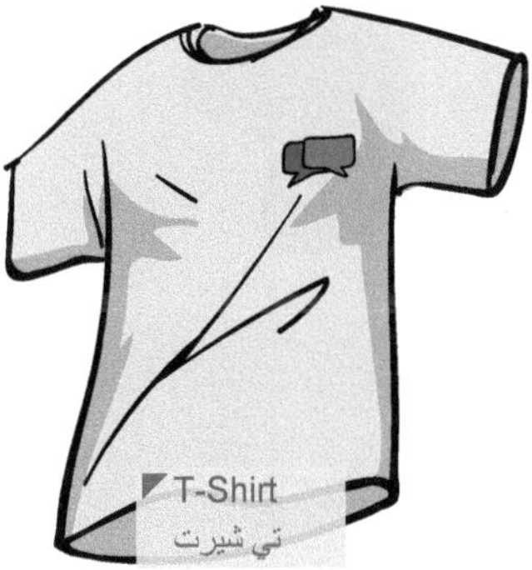

T-Shirt
تي شيرت

Liefreem
حزام

Stevel
حذاء شتوي

Puuschen
شبشب

Turnschoh
أحذية رياضية

Sandalen
....
صندل

Schoh
....
حذاء

Gummistevel
....
جزمة كاوتشوك

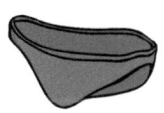

Ünnerbüx
....
سروال داخلي

Bostholler
....
صدّارة

Ünnerhemd
....
قميص داخلي

Lief

لباس ملاصق للجسم

Büx

بنطلون

Jeansnüx

جينز

Rock

تنورة

Bluus

بلوزة

Hemd

قميص

Pullover

سترة قطنية

Kapuzenpullover

كنزة كم طويل

Blazer

سترة فضفاضة

Jack

سترة

Mantel

معطف

Övertrecker

معطف مطري

Kostüm

زي - طقم نسائي

Kleed

ثوب

Hochtietskleed

ثوب الزفاف

Antog

طقم

Nachtkleed

قميص نوم

Slaapantog

بيجاما

Sari

ساري

Koppdook

حجاب

Turban

عمامة

Burka

برقع

Kaftan

قفطان

Abaya

عباءة

Baadantog

مايوه

Baadbüx

سروال سباحة

Korte Büx

شرت

Antog to'n Öven

بدلة رياضية

Schört

مئزر

Handschoh

قفازات

Knopp

زر

Brill

نظّارة

Armband

إسوارة

Halskeed

عقد

Ring

خاتم

Ohrbummel

قرط

Mütz

طاقيّة

Klederbögel

علاقة ثياب

Hoot

قبّعة

Binner

ربطة العنق

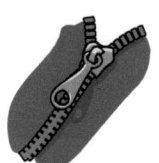

Rietslüter

سحّاب

Helm

خوذة

Drachtband

حمّالة البنطلون

Schooluniform

اللباس المدرسي

Uniform

زي موحّد

Severböten

مريلة الأطفال

Snuller

مصّاصة

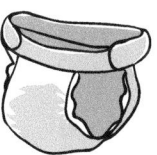

Winnel

لفافة

Büro

مكتب

Server
المخدّم

Aktenschapp
خزانة الملفات

Drucker
طابعة

Bildschirm
شاشة

Papeer
ورقة

Muus
فأرة

Schrievdisch
طاولة المكتب

Orner
ملف

Knoopboord
لوحة المفاتيح

Stohl
كرسي

Papeerkorf
قماما

Computer
حاسوب

Koffiebeker

كأس من القهوة

Taschenreekner

الآلة الحاسبة

Internet

الإنترنت

Klappreekner

الحاسوب المحمول

Breef

رسالة

Naricht

خبر

Ackersnacker

الهاتف المحمول

Nettwark

شبكة

Kopeerapparat

جهاز تصوير

Software

البرمجيات

Klöönkassen

هاتف

Steekdoos

مقبس كهربائي

Faxapparat

فاكس

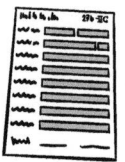

Formulor

استمارة

Dokument

وثيقة

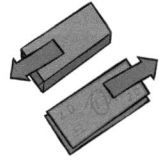

köpen

يشتري

betahlen

يدفع

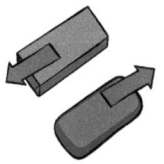

hanneln

يتاجر

Geld

مال

Dollar

دولار

Euro

يورو

Yen

ين

Ruvel

روبل

Swiezer Franken

فرنك سويسري

Renminbi Yuan

يوان

Rupie

روبية

Geldautomat

صرّاف آلي

Wesselstuuv

مكتب صرافة

Gold

ذهب

Sülver

فضة

Ööl

نفط

Energie

طاقة

Pries

سعر

Verdrag

عقد

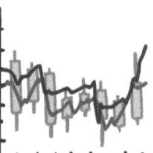

Stüer

ضريبة

Andeelschien

سهم

arbeiden

يعمل

Anstellte

موظف

Arbeitgever

رب العمل

Fabrik

مصنع

Hökerie

متجر

Profeschonen

المِهَن

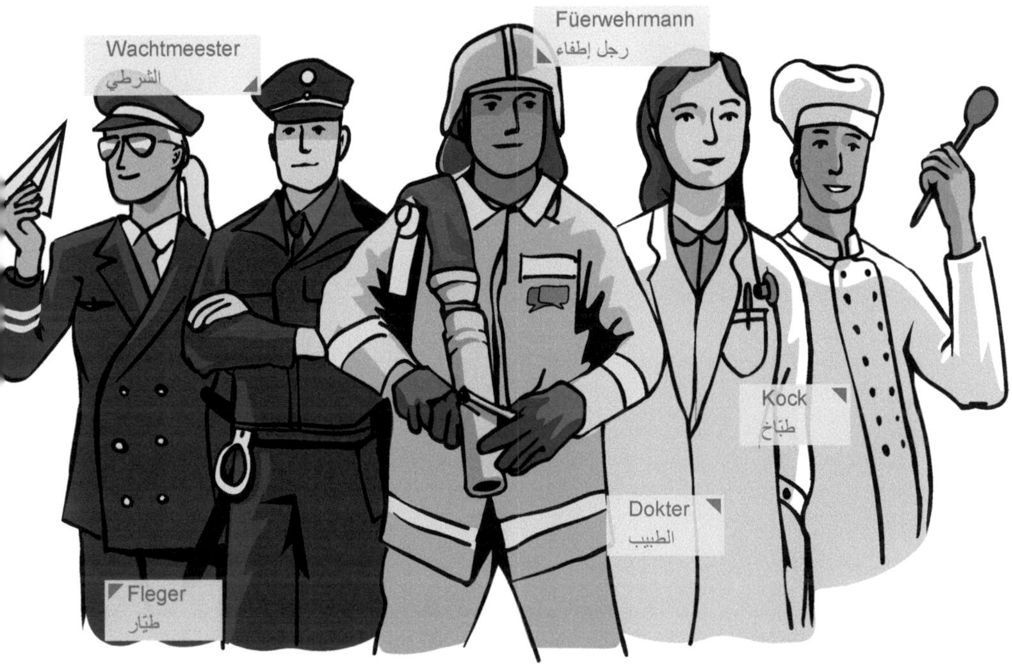

Wachtmeester
الشرطي
Füerwehrmann
رجل إطفاء
Kock
طبّاخ
Dokter
الطبيب
Fleger
طيّار

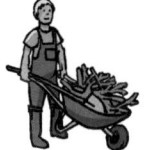

Goorner

بستاني

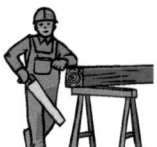

Discher

نجّار

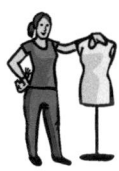

Neihersche

خيّاطة

Richter

قاض

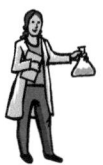

Chemiker

كيميائي

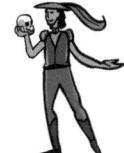

Schauspeler

ممثل

Busfohrer

سائق حافلة

Taxifohrer

سائق تاكسي

Fischer

صياد سمك

Reinmaakfru

أجيرة للتنظيف

Dackdecker

بنّاء سقف

Kellner

نادل

Jäger

صيّاد

Maler

رسّام

Bäcker

خبّاز

Elektriker

كهربائي

Buarbeider

عامل بناء

Ingenieur

مهندس

Slachter

لحّام

Klempner

سمكري

Postbüdel

ساعي البريد

Suldat

جندي

Architekt

مهندس معماري

Kasserer

أمين صندوق

Florist

بائع الزهور

Putzbüdel

حلاق

Schaffner

مراقب القطار

Mechaniker

ميكانيكي

Kaptein

قبطان

Tähndokter

طبيب أسنان

Wetenschopler

رجل العلم

Rabbi

حاخام

Imam

إمام

Mönk

راهب

Paap

كاهن

Warktüüch
عدة عمل

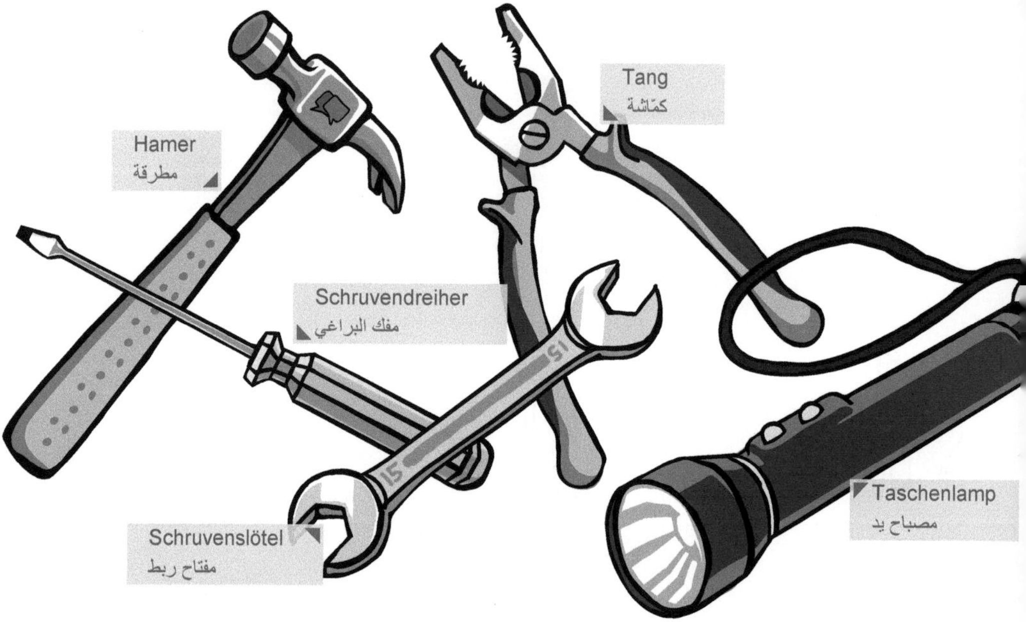
Tang
كمّاشة
Hamer
مطرقة
Schruvendreiher
مفك البراغي
Taschenlamp
مصباح يد
Schruvenslötel
مفتاح ربط

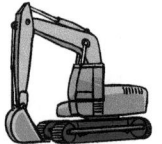

Grieper
جرافة

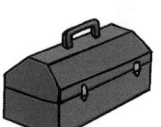

Warktüüchkassen
صندوق العدة

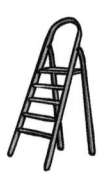

Ledder
سلّم

Saag
منشار

Nagels
مسامير

Bohrer
مثقب

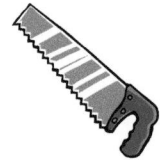

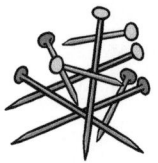

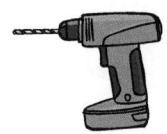

heelmaken

يصلح

Schüffel

مجرفة

Schiet!

اللعنة

Kehrblick

لقاطة الكناسة

Farvpott

سطل الألوان

Schruven

براغي

Musikinstrumenten
آلات موسيقية

Slagtüüch
آلات الإيقاع

Luutsnacker
مكبر الصوت

Rietfiedel
غيتار

Bass-Vigelien
كمان أجهر

Trumpeet
بوق

Klaveer

بيانو

Vigelien

كمنجة

Bass

جهير

Pauk

طبل كبير

Trummeln

طبل

Keyboard

بيانو كهرباني

Saxophon

ساكسوفون

Fleut

ناي

Mikrofoon

ميكروفون

Deertenpark

حديقة حيوانات

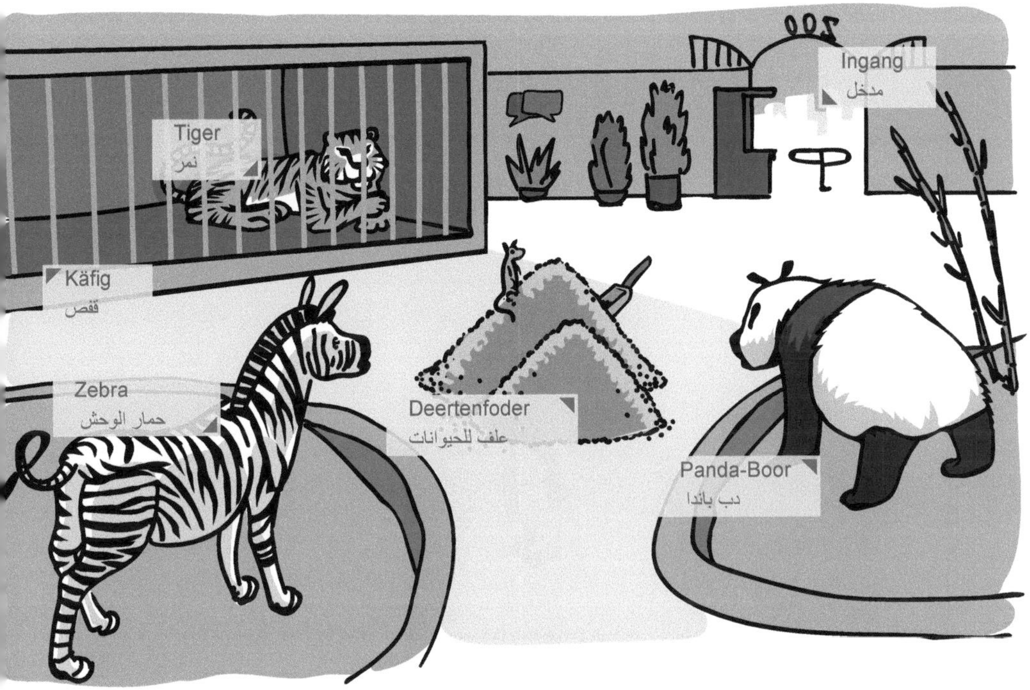

Ingang
مدخل
Tiger
نمر
Käfig
قفص
Zebra
حمار الوحش
Deertenfoder
علف للحيوانات
Panda-Boor
دب باندا

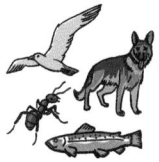

Deerten

حيوانات

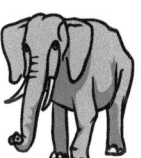

Elefant

فيل

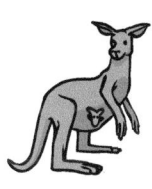

Känguru

كنغر

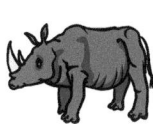

Neeshoorn

وحيد القرن

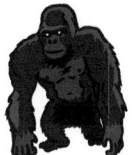

Gorilla

غوريلا

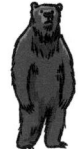

Boor

دب

Kameel

جمل

Struuß

نعامة

Lööv

أسد

Aap

قرد

Flamingo

طائر فلامينغو

Papagoi

ببغاء

Iesboor

دب قطبي

Pinguin

بطريق

Haifisch

سمك القرش

Pageluun

طاووس

Slang

أفعى

Krokodil

تمساح

Oppasser in'n Deertenpark

حارس في حديقة الحيوان

Saalhund

عجل البحر

Jaguor

نمر أمريكي مرقط

Pony

فرس قزم

Leopard

نمر

Nilpeerd

فرس النهر

Giraff

زرافة

Aadler

نسر

Wildswien

خنزير برّي

Fisch

سمك

Schildkrööt

سلحفاة

Walross

حيوان فظ البحري

Voss

ثعلب

Gazell

غزال

Amerikaansch Football
كرة القدم الأمريكية

Radfohren
ركوب الدراجات

Tennis
كرة التنس

Korfball
كرة السلة

Swümmen
السباحة

Boxen
الملاكمة

Ieshockey
هوكي الجليد

Football
كرة القدم

Fedderball
الريشة الطائرة

Leichtathletik
ألعاب القوى الخفيفة

Handball
كرة اليد

Skilopen
التزلج على الثلج

Polo
بولو

Aktivitäten
نشاطات

lachen
يضحك
springen
يقفز
ümarmen
يعانق
gahn
يمشي
singen
يغنّي
drömen
يحلم
beden
يصلّي
snuteln
يقبل

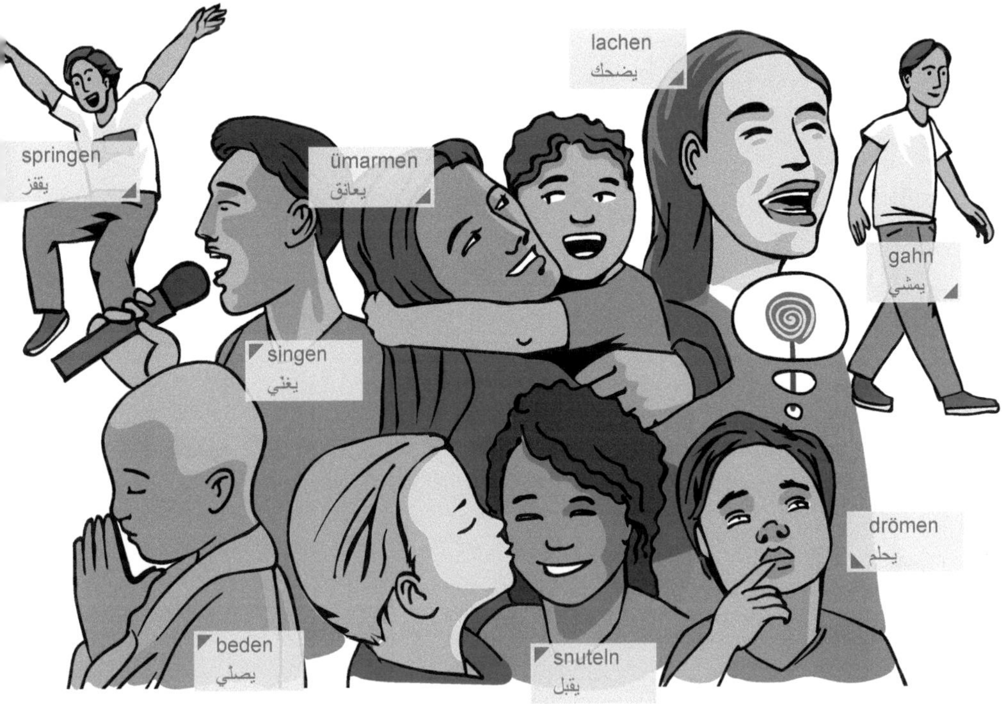

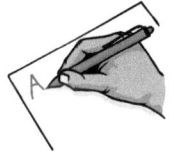

schrieven
يكتب

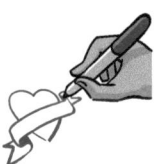

teken
يرسم

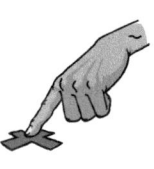

wiesen
يُري

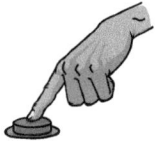

drücken
يدفع

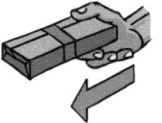

geven
يعطي

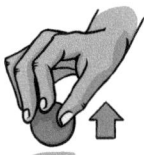

nehmen
يأخذ

hebben

يملك

doon

يعمل

sien

يوجد

stahn

يقف

lopen

يركض

trecken

يسحب

smieten

يرمي

fallen

يقع

liggen

يستلقي

töven

ينتظر

dregen

يحمل

sitten

يجلس

antrecken

يلبس

slapen

ينام

opwaken

يستيقظ

ankieken

ينظر إلى ..

wenen

يبكي

eien

يمسّد

kämmen

يمشّط

snacken

يتكلم

verstahn

يفهم

fragen

يسأل

hören

يسمع

drinken

يشرب

eten

يأكل

oprümen

يرتب

leefhebben

يحب

kaken

يطبخ

fohren

يقود

flegen

يطير

segeln

يبحر بزورق شراعي

reken

يحسب

lesen

يقرأ

lehren

يتعلم

arbeiden

يعمل

de Plünnen tohoopsmieten

يتزوج

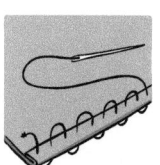

neihen

يخيط

Tähnen putzen

ينظف أسنانه

dootmaken

يقتل

smöken

يدخّن

schicken

يرسل

Familje
عائلة

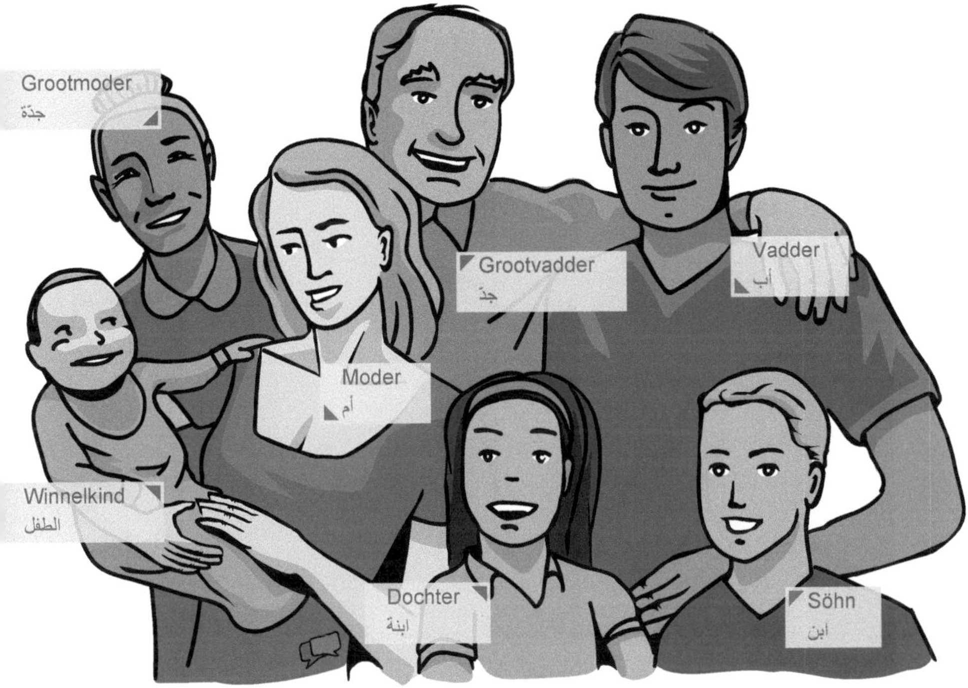
Grootmoder
جدّة
Grootvadder
جدّ
Vadder
أب
Moder
أم
Winnelkind
الطفل
Dochter
ابنة
Söhn
ابن

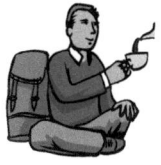

Gast

ضيف

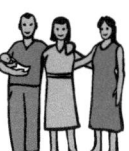

Tant

عمّة / خالة

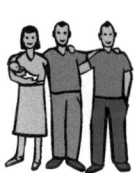

Unkel

عمّ / خال

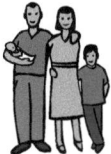

Broder

أخ

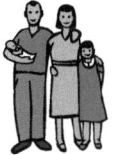

Süster

أخت

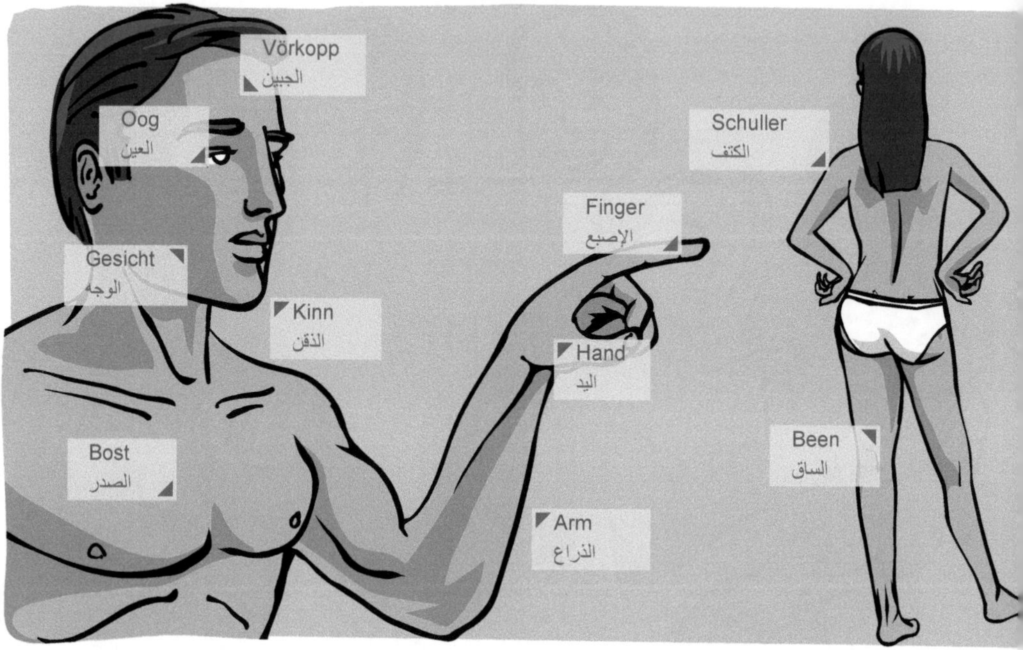

Vörkopp
الجبين

Oog
العين

Gesicht
الوجه

Kinn
الذقن

Bost
الصدر

Schuller
الكتف

Finger
الإصبع

Hand
اليد

Been
الساق

Arm
الذراع

Winnelkind

الطفل

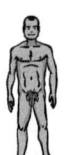

Mann

الرجل

Fro

المرأة

Deern

البنت

Jung

الولد

Arm

الرأس

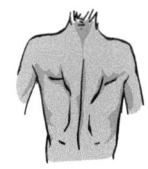

Rüch

الظهر

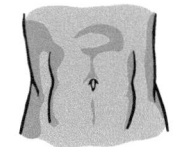

Buuk

البطن

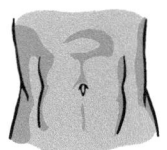

Navel

السرّة

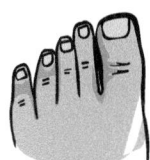

Teh

إصبع القدم

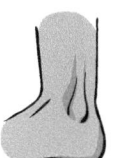

Hack

الكعب

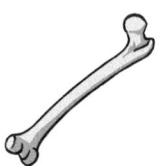

Knaken

العظم

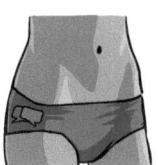

Hüft

الورك

Knee

الركبة

Ellbagen

المرفق

Nees

الأنف

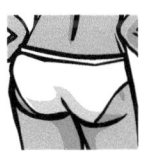

Achtersen

العَجُز

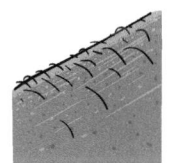

Huut

البشرة

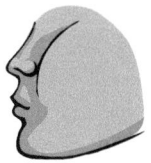

Back

الخد

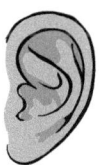

Ohr

الأذن

Lipp

الشفة

Mund

الفم

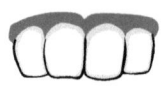

Tähn

السن

Tung

اللسان

Bregen

الدماغ

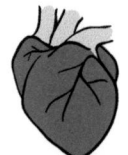

Hart

القلب

Muskel

العضلة

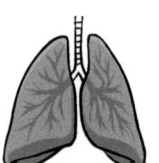

Lung

الرئة

Lever

الكبد

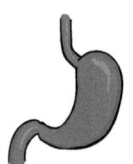

Maag

المعدة

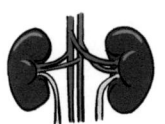

Neren

الكلى

Bislaap

الاتصال الجنسي

Kondoom

الواقي المطاطي

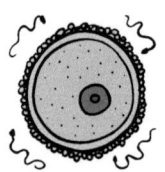

Eizell

البويضة

Sperma

المنيّ

Anner Ümstänn

الحمل

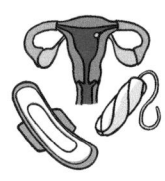

Menstruatschoon

الحيض

Scheed

المهبل

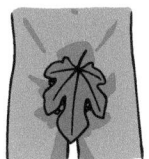

Pint

القضيب

Ogenbroe

الحاجب

Hoor

الشعر

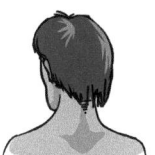

Hals

الرقبة

Krankenhuus

المستشفى

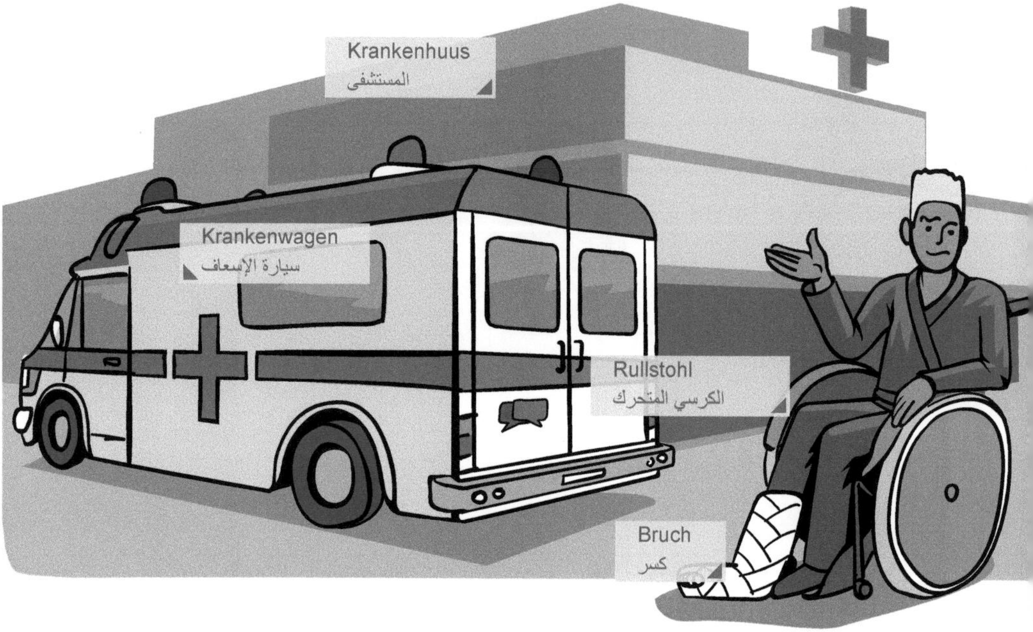

Krankenhuus
المستشفى

Krankenwagen
سيارة الإسعاف

Rullstohl
الكرسي المتحرك

Bruch
كسر

Dokter

الطبيب

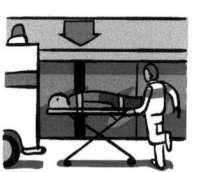

Nootopnahm

غرفة الإسعاف

Krankensüster

الممرضة

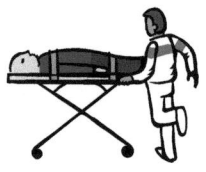

Nootfall

حالة

ahnmächtig

مغمى عليه

Wehdaag

الألم

Verwunnen

إصابة

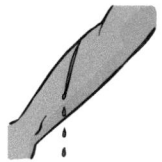

Blöden

النزيف

Hartinfarkt

احتشاء القلب

Slaganfall

جلطة

Allergie

حسسية

Hoosten

السعال

Fever

الحُمّى

Gripp

إنفلونزا

Dörchfall

الإسهال

Koppwehdaag

وجع الرأس

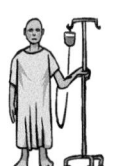

Kreeft

السرطان

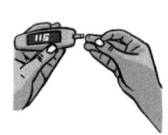

Zuckersüük

مرض السكر

Chirurg

جرّاح

Chirurgsch Mess

مبضع

Operatschoon

عملية

CT

سيتي سكان

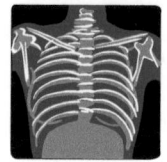

Dörchlüchten

الأشعة السينية

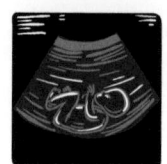

Ultraschall

فوق الصوتي

Mask

القناع

Krankheit

المرض

Töövruum

غرفة الانتظار

Krück

العُكّاز

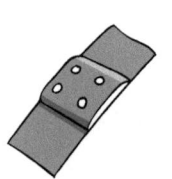

Plaaster

شريط لاصق

Verband

ضماد

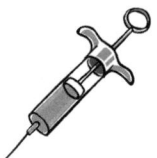

Insprütten

حقنة

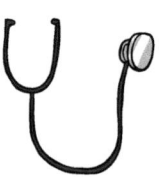

Stethoskop

سمّاعة الطبيب

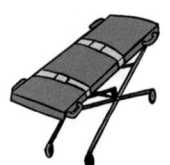

Draag

نقالة

Feverthermometer

ميزان حرارة

Geboort

ولادة

Övergewicht

وزن زائد

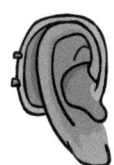

Höörapparat

جهاز السمع

Kiemfriemiddel

المواد المعقمة

Ansteken

عدوى

Virus

فيروس

HIV / AIDS

الإيدز

Heelmiddel

الطب

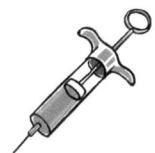

Impen

اللقاح

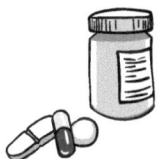

Tabletten

أقراص الدواء

Pill

حبّة الدواء

Nootroop

نداء النجدة

Blootdruck-Meter

مقياس ضغط الدم

krank / gesund

مريض / صحيح

Hölp!

النجدة!

Alarm

إنذار

Överfall

اعتداء

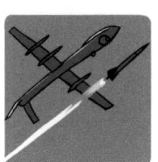

Angreep

هجوم

Gefohr

خطر

Nootutgang

مخرج طوارئ

Füer!

حريق!

Füerlöscher

جهاز الإطفاء

Unfall

حادث

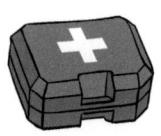

Noothölpkoffer

حقيبة الإسعاف الأولي

SOS

أنقذونا

Polizei

الشرطة

Europa

أوروبا

Noordamerika

أمريكا الشمالية

Süüdamerika

أمريكا الجنوبية

Afrika

أفريقيا

Asien

آسيا

Australien

أستراليا

Atlantik

المحيط الأطلسي

Pazifik

المحيط الهادي

Indisch Weltmeer

المحيط الهندي

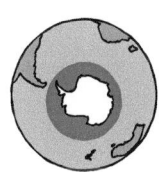

Antarktisch Weltmeer

المحيط المتجمد الجنوبي

Arktisch Weltmeer

المحيط المتجمد الشمالي

Noordpol

القطب الشمالي

Süüdpol
القطب الجنوبي

Antarktis
منطقة القطب الجنوبي

Eerd
أرض

Land
بر

See
بحر

Eiland
جزيرة

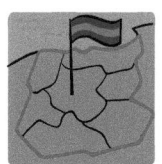

Natschoon
أمة

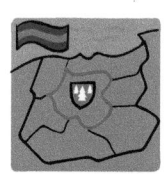

Staat
دولة

Tallenblatt

ميناء الساعة

Stunnenwieser

عقرب الساعات

Minutenwieser

عقرب الدقائق

Sekunnenwieser

عقرب الثواني

Wo laat is dat?

كم الساعة الآن؟

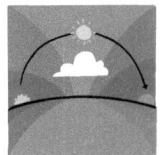

Dag

يوم

Tiet

زمن

nu

الآن

digetaalsch Klock

ساعة رقمية

Minuut

دقيقة

Stunn

ساعة

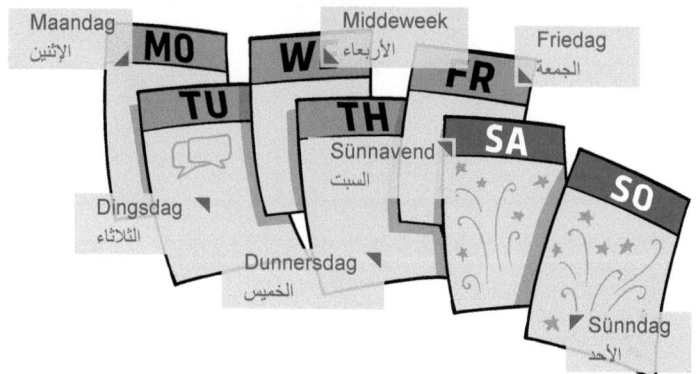

Maandag
الإثنين

Middeweek
الأربعاء

Friedag
الجمعة

Dingsdag
الثلاثاء

Sünnavend
السبت

Dunnersdag
الخميس

Sünndag
الأحد

güstern

الأمس

hüüt

اليوم

morgen

غداً

Morgen

الصباح

Meddag

الظهر

Avend

المساء

Arbeitsdaag

أيام العمل

Wekenenn

نهاية الأسبوع

Johr
سنة

Regenbagen
قوس قزح
Regen
مطر
Snee
ثلج
Wind
ريح
Fröhjohr
الربيع
Harvst
الخريف
Sommer
الصيف
Winter
الشتاء

4.APRIL 11°
5.APRIL 4°
6.APRIL 13°
7.APRIL 8°
8.APRIL 10°

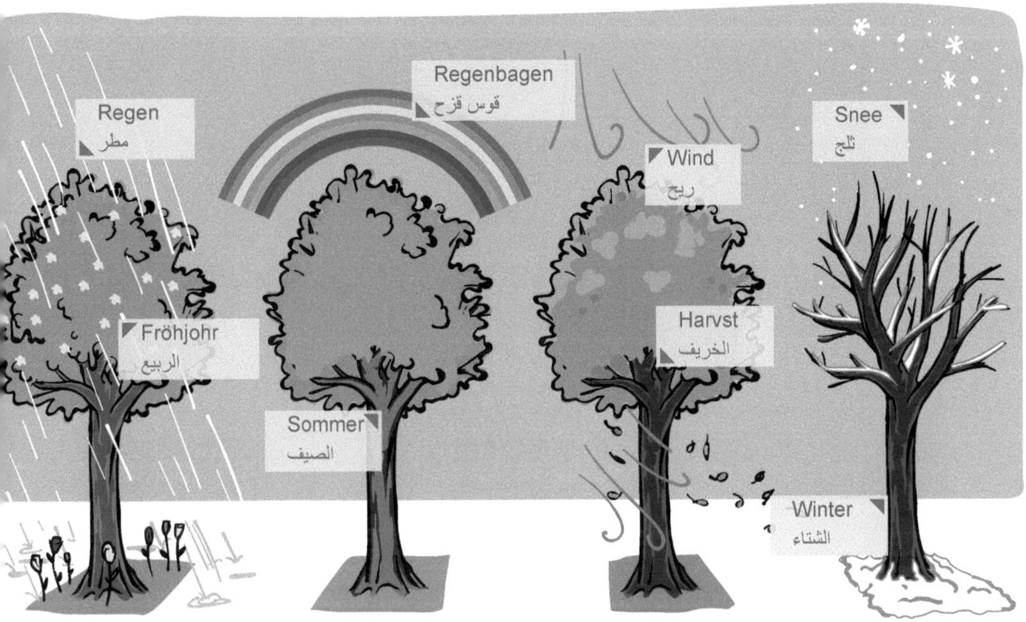

Wedervörhersaag

التنبؤ بالحالة الجوية

Thermometer

مقياس حرارة

Sünnenschien

ضوء الشمس

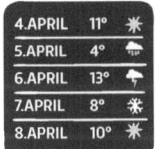

Wulk

سحابة

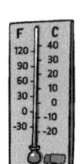

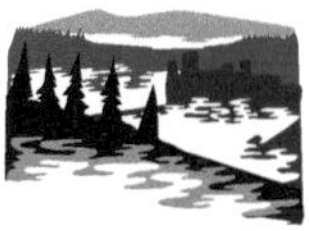

Nevel

ضباب

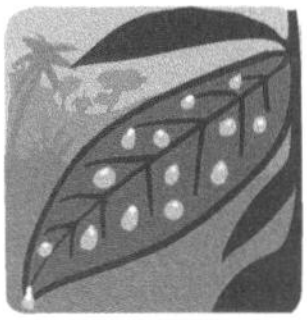

Luftfuchtigkeit

رطوبة الجو

Blitz

برق

Dunner

رعد

Storm

عاصفة

Hagel

بَرَد

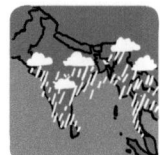

Monsun

ريح موسمية

Floot

طوفان

Ies

جليد

Januormaand

كانون الثاني / يناير

Februormaand

شباط / فبراير

Martmaand

آذار / مارس

Aprilmaand

نيسان / أبريل

Maimaand

أيار / مايو

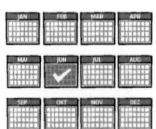

Junimaand

حزيران / يونيو

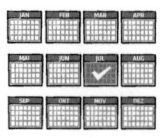

Julimaand

تموز / يوليو

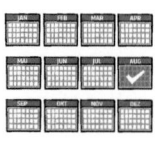

Augustmaand

آب / أغسطس

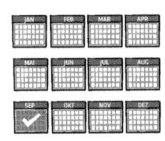

Septembermaand
....
أيلول / سبتمبر

Oktobermaand
....
تشرين الأول / أكتوبر

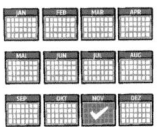

Novembermaand
....
تشرين الثاني / نوفمبر

Dezembermaand
....
كانون الأول / ديسمبر

Formen

أشكال

Krink
....
دائرة

Quadrat
....
مربّع

Rechteck
....
مستطيل

Dreeeck
....
مثلث

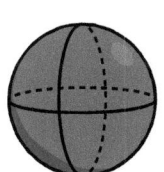

Kugel
....
كرة

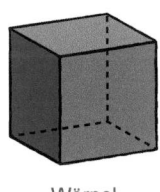

Wörpel
....
مكعب

witt

أبيض

geel

أصفر

orangsch

برتقالي

pink

وردي

root

أحمر

lila

بنفسجي

blau

أزرق

gröön

أخضر

bruun

بُنّي

gries

رمادي

swart

أسود

veel / wenig

كثير / قليل

böös / verdreeglich

غضبان / هادئ

smuck / mies

جميل / قبيح

Begünn / Enn

بداية / نهاية

groot / lütt

كبير / صغير

hell / düüster

فاتح / قاتم

Broder / Süster

أخ / أخت

schier / schietig

نظيف / وسخ

kumpleet / nich kumpleet

كامل / ناقص

Dag / Nacht

نهار / ليل

doot / lebennig

ميت / حيّ

breet / small

عريض / ضيّق

geneetbor / nich geneetbor

صالح للأكل / غير صالح

böös / fründlich

شرّير / لطيف

fickerig / langwielt

مثير / ممل

dick / dünn

سمين / نحيف

toeerst / toletzt

أولاً / أخيراً

Fründ / Fiend

صديق / عدو

vull / leddig

مليء / فارغ

hart / week

صلب / ليّن

swoor / licht

ثقيل / خفيف

Smacht / Döst

جوع / عطش

krank / gesund

مريض / صحيح

nich na't Recht / na't Recht

غير شرعي / شرعي

klook / dummerhaftig

ذكي / غبي

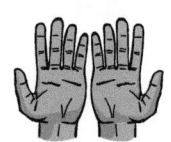

linkerhand / rechterhand

يسار / يمين

neeg / feern

قريب / بعيد

nieg / bruukt

جديد / مستعمل

nix / wat

لا شيء / بعض الشيء

oolt / jung

مسن / شاب

an / ut

يشعل / يطفئ

apen / slaten

مفتوح / مغلق

lies / luut

خافت / عالٍ

riek / arm

غني / فقير

richtig / verkehrt

صح / خطأ

ruug / glatt

أحرش / املس

trurig / glücklich

حزين / سعيد

kort / lang

قصير / طويل

suutje / flink

بطيء / سريع

natt / dröög

مبلول / جاف

warm / köhl

ساخن / بارد

Krieg / Freden

حرب / سلم

0

null

صفر

1

een

واحد

2

twee

اثنان

3

dree

ثلاثة

4

veer

أربعة

5

fief

خمسة

6

söss

ستة

7

söven

سبعة

8

acht

ثمانية

9

negen

تسعة

10

teihn

عشرة

11

ölven

أحد عشر

12

twölf

اثنا عشر

13

dörteihn

ثلاثة عشر

14

veerteihn

أربعة عشر

15

föffteihn

خمسة عشر

16

sössteihn

ستة عشر

17

söventeihn

سبعة عشر

18

achtteihn

ثمانية عشر

19

negenteihn

تسعة عشر

20

twintig

عِشْرون

100

hunnert

مائة

1.000

dusend

ألف

1.000.000

million

مليون

Engelsch

الإنكليزية

Amerikaansch Engelsch

الإنكليزية الأمريكية

Chineesch Mandarin

لغة ماندارين الصينية

Hindi

الهندية

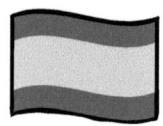

Spaansch

الإسبانية

Franzöösch

الفرنسية

Araabsch

العربية

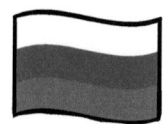

Rusch

الروسية

Portugiesch

البرتغالية

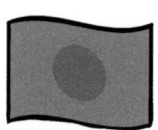

Bengaalsch

البنغالية

Düütsch

الألمانية

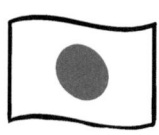

Japaansch

اليابانية

ik

أنا

du

أنت

he / se / dat

هو / هي

wi

نحن

ji

أنتم

se

هم

keen?

من؟

wat?

ماذا؟

woans?

كيف؟

woneem?

أين؟

wannehr?

متى؟

Naam

أسم

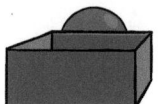

achter

خلف

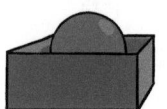

in

في

vör

أمام

över

فوق

op

على

ünner

تحت

blangen

جنب

twüschen

بين

Oort

مكان